JN410421

만인시인선 · 47

검은 맛

박지영 시집

검은 맛

만인사

자서

풀풀 날리던 꽃잎 발치에 쌓인다.
어떻게 저 꽃을 기록할 수 있을까.
꽃을 보려다 검붉은 속을 다 보고 말았다.
저 붉은 속을 뭐라고 할 수 있을까.

나의 시는 결국
말할 수 없음에 바치는 헌사이다.

차 례

차 례

차 례

1

깜깜한 보석

네가 등 돌리고 있어도
네게서 어둠의 냄새가 난다
아무 말하지 않아도
툭 불거진 뼈마디와
쪼그라든 몸을 보면 안다
아들 일곱 딸 일곱
하루아침에 다 잃고
천년은 늙었다
눈물로 네 몸 적셔
슬픔의 냄새 지독했다
악취 나는 깜깜한 보석이라니

검은 맛

오래 전 엄마 젖꼭지에 묻었던 금계랍
겁나게 검은 맛

어른이 되는 건
쓴맛의 깊이를 알게 되는 것

깊이 잠자고 있던
덤불 속 새떼들 날아오르듯
뒤늦게 맛들인 쓴맛
어떤 맛으로도 바꿀 수 없는데

엄마는 쓴나물 맛있다 했었지
씁쓰레한 건 몸의 맛이고 탄생의 맛,
그걸 잊지 못해 나도 자꾸 쓴나물에 손이 가는데

영혼이 깃든 검은 맛
암 것도 모르고 그 때 이미
인생의 쓴맛 알아버렸다

말 거는 것들

집에 혼자 있으면요 세간살이가 부스럭거려요 입도 없는 것이 말 걸어와요 잠시도 진득하니 앉아 있을 수 없어요 어디선가 소리가 나요 옷장에서 쩍 나무 갈라지는 소리 부엌 수도꼭지에서 똑똑 물 떨어지는 소리 온갖 소리 다 들려요 가만히 있으면서 조용히 소란스러워요 선반 위 손때 묻은 주전자가 좀 봐 달라고 칭얼대요 집안에서 나는 소리는 눈길 잡아끄는 힘이 있어요 귀찮아 안 보려 해도 안 볼 수 없어요 다가가면 아무 소리도 안 보이는데 어디선가 소리가 나요 비틀어도 잠가도 새어나오는 소리 시계 소리처럼 내 귀를 갉아먹는 소리 어느 구석에서 또 보이지 않는 소리가 나요 혼자 있으면요 자꾸 말 걸어와요

어둠이 내려도 고통은

네 고통은
한 방울 잉크가 물 속에 퍼져가듯
공기를 퍼렇게 멍들이고 있다
내가 네 고통 속으로 들어 갈 수 없지만
가늘게 오는 비 옷깃 적시듯이
차츰 스며 들고 있다

이마를 유리창에 대고 흐르는 비
두 줄기가 합쳐져
비의 입술이 창 핥아대고 있다
너무 깊게도 말고 그렇다고 스쳐가지도 말고
물웅덩이에 고이지도 말고
어둠이 내리듯 나는 네 고통에 다가간다

고통도 합쳐지면
어둠이 내려도 어둡지 않다
밝고도 깜깜하다

어떤 입양

어미 개는 새끼를 일곱 마리나 낳았다 두 눈 감고 새끼에게 퉁퉁 불어 축 늘어진 젖 물린다 몸 홀쭉하니 기력도 없어 모로 누워 꼬리만 들었다 놓는다 새끼들 경쟁하듯 어미 가슴 파고 든다 주인은 마음에 드는 놈 가져 가란다 어미가 부실해 오늘도 영양제 맞췄다며 새끼들 등살에 몸 축 나서 안 되겠단다 안 볼 때 어서 가져 가란다 어미가 알면 새끼들 물어다 숨긴다며 어미는 머위잎 그늘에 길게 누워 제 새끼 가져 가는 걸 가만 보고 있다 짖을 생각도 않는다 다 귀찮다는 듯 꼬리 왼쪽으로 두어 번 흔들다 내려놓았다

거울

석유가게 담벼락에 거울이 놓여 있다
성호석유 광고판처럼 비 오면 비 맞고
바람 불면 바람 맞고
아무도 눈길주지 않는 거울
비스듬히 벽에 기대 햇볕 쬐다가
건너편 구멍가게로 허옇게 쌓인 빛 쏟아낸다
두근거리며 숨기고 있던 것 다 쏟아낸다
저 빛 속에 보고 들은 것
검은 승용차 매연 뿜으며 지나가고
야채 행상 떠벌리는 소리 다 들어 있다
동네 개 멀뚱거리다 가면
휑하니 비어 있는 골목
아무도 눈여겨보지 않는 귀퉁이에서
속 다 비우고도 무엇이 남아 있는지
거울은 열리는 문과 열리지 않는 문으로 서 있다
도망가던 암캥이 거울 속으로 숨어든다

소리를 기다리다

지하 월세방 낡은 석유난로
녹슨 차량 커브길 돌아가듯
쉭쉭거리며 애끓는 소리낸다
기차 소리같이 한 줄기 한숨 남기고
끊어졌다 이어졌다 여운도 없이
그 자체로 소명 다하는 소리

소리에 귀가 열려있는 오후
왜 어떤 소리에만 귀가 딸려가는지
그 소리 따라 가다가 어느 문 앞에 섰다
소리가 소리를 불러 모은다

손

가만 있으면 근질거리고
드라이버 들고 나사라도 돌려야 하고
멀쩡한 벽에 못이라도 박아야 하고
걸레 들고 마루라도 닦아야 하고
일 없어 심드렁하면
여기 저기 자꾸 두리번거리며 허둥대다
이도 저도 못하는 때는
손톱 사이 가시랭이라도 잡아 뜯어야하고
아물어가는 가시랭이 떼어내다 피 보고야 마는데
덧난 상처 후후 불며
쓰다듬으며 어루만지며
또 며칠 잘 지내겠지만
다 잠든 밤에도 잠들지 못하고
아파서 밤 내내 꼼지락거리는 손

붉은 집

지독한 핏빛이다
붉은 빛이 점점 넓게 드리워져
그늘 깊숙이 빨아들이고 있다
길게 옆으로 늘어진 그림자도 붉은 색이다
노을에 물든 수도원이
제단 위에 놓여 있다
사랑니 빼고
밤새도록 지혈 안되던 어느 날처럼
입 안으로 알싸하게 감도는 냄새
몸도 붉게 물들어 문 앞에 섰다
문은 열려 있어도 아무도
안으로 들어가지 못한다

테러리스트

그가 온단다 정확히 32분 후
째깍거리며 그는 온다
32분이면 충분히 슈퍼에 다녀올 수 있고
음악도 들을 수 있고 신문도 읽을 수 있다
그러나 난 아무것도 못하고 서성거리며
손톱만 물어뜯고 있다
창 밖으로 보이는 네거리 교차로는
신호등이 고장 났는지 계속 직진만 한다
이제 18분 남았다
아직도 슈퍼에는 뛰어 갔다 올 수 있고
음악 들을 수 있고 신문 볼 수 있다
여전히 손 놓고 서성거리고 있다
물어뜯던 살점 떨어져 핏방울 돋아
입술로 피를 핥으며
가만 있는 냉장고 문 열었다 닫는다
네거리의 차들은 뒤엉켜 있다
32분이 지나갔다 마침내 올 게 왔다
그러나 벨은 울리지 않았다

폭탄도 터지지도 않았다
시간이 나를 주시하고 있다
그는 아직 네거리에 뒤엉켜 있는지 모르겠다

이른 아침 저 소리

이른 아침 듣는 꾹꾹 소리
저 울음 비둘기 울음 아니다
칭칭 감긴 창자 속에서 나온 컴컴한 소리다
산전수전 다 겪어 수세미같이 쪼그라든 여자
막걸리 한 사발 들이키고 쪼그리고 앉아
내지르는 목청 쉰 울음이다

이 아침 어디서 비둘기는
술 한 사발 들이키고
기막힌 수심가 한 대목 뽑아내는가

2

그게 걱정이네

잠 많은 내가 졸고 있을 때
신랑이 왔다 가듯 지혜가 다녀 갔다
문고리 흔들며 문 앞에서
날 불러도 몰랐다
철없어 호롱불 밝혀 두는 것도 몰랐다

이제 잠 없는 신부가 신랑 기다리듯
호롱불 심지 돋우고 기다려
눈 침침한 내가 못 알아볼까
그게 걱정이네만
눈 밝은 지혜가
눈 어두운 날 먼저 알아 볼 것이다
아니다 눈 대신 귀 밝아져
바스락 소리도 알아챌 것이다

자루들

검은 자루 속에 몸을 담고
결혼식에 갔다가 장례식에도 갔다
시작하는 생과 끝나는 생이
코다리처럼 한 줄에 엮여 있는 날

자루는 생을 꿰뚫고 다니느라 고단했는지
늘어지고 구겨져 못에 걸려 있다
자루 벗고 허드레자루 쓱 꿰고 앉아
구정물에 손 담그고 있는데
몸이 나를 끌고 가는 줄 알았더니 아니다
자루가 나를 걸치고 가는 나날이다

빨간 자루는 얼굴 붉히던
노란 자루는 까르르 웃던
검은 자루는 몰래 눈물 찍어내던
각각의 자루만이 알고 있는 기억이 있다
먼 길 떠날 때 하나도 가져 갈 수 없는

수북하게 쌓인 저 허물들
옷장은 기억들로 부스럭거린다

벚꽃 그늘 아래

결혼식 끝나고 하객들 뿔뿔이 흩어지듯
벚꽃잎 풀풀 날리는데
돌멩이가 물 위로 파문을 그리며 떨어지듯
알지 못할 어떤 무게에 휘청거리는데
그것이 지그시 누르며 고통을 주는데
어디에서도 그 자국 찾을 수 없는데
누구에게 말할 수도 없고
주머니처럼 까뒤집어 보여줄 수도 없는데
바람이 비스듬히 옆구리 스쳐
꽃그늘 밑에서 하염없이
무거워지는 봄날

보여줄 것이 없다

너는 네 눈을 손가락에 끼었구나
창호지 구멍으로 내다보던 그 눈이다
흘러내리지도 않는 머리카락을
너는 반지 낀 손으로 자꾸 걷어올린다
네 손가락 물방울 다이아반지는
아침 햇살에 찰랑이는 물결처럼 빛 부시다
내게 찬탄의 말 바라지 마라
침 묻혀 문구멍 뚫던 네 손이 떠올라
물방울 다이아는 안중에도 없다
나는 네게 보여줄 것이 없다
영혼에 맺힌 이슬방울 밖에

한 고통이 슬며시 와서

저 혼자 가죽끈 잡고
얼마나 씨름해댔던지
나무에 감긴 끈이 목 조이고 있다
등산로 중턱에 오래 묶여 있었던지
조여진 끈 누런 목덜미 파고들어
벌겋게 헐어 있다

개는 바스락거리는 소리에
귀를 세우고 몸 움츠리고 있다
겁에 질린 까만 늙은 눈이 떨고 있다
간절하게 바라보는 퀭한 눈
개도 눈으로 어두운 속 다 내보인다

버려진 것들만이 아는 두려움을
개는 이미 알고 있다
홀쭉한 뱃가죽에 본성이 남아서
인기척에 꼬리 치켜들고 짖어본다

한 고통이 컹컹거리며 슬며시
내게로 옮아오고 있다

프란시스 베이컨의 봄

저건 푸줏간 고깃덩이다
일그러지고 뭉개진 뭉텅이에
저 눈이 없었다면 뭔지 몰랐을 거다
(그는 제 얼굴에 덧칠하는 풋내기가 아니다)

유리상자 속에서 제 몸 다 뜯어먹고
침 질질 흘리는 입
두려움에 떠는 겁 많은 검은 눈

저 유리상자 속에도 삼월이 와
햇살이 쏟아져 들어와
어질어질 몸꽃이 피어나
피는 봄 주체할 수 없어서
화폭 위로 허옇게 몸 게워냈다
그런 제 모습 안 보려고 해도
눈 감겨줄 손이 없다

벌레의 집

겨우내 지지 않던 나뭇잎이
허공에 매달려 대롱거리고 있었다
돌돌 말린 나뭇잎 속은
벌레의 집이다
조밥같은 알들 빽빽이 차 있다

벌레도 제 삶 지탱하는 법 알고
제가 손 놓을 때 안다
살아서 숨 쉬는 것들의 팽팽한 긴장감
텅 빈 것 같던 우주가 작은 벌레들로 곰실거린다

쉿! 저것들이 꼼지락거리는 소리 들어봐

프란시스 베이컨의 여인

털 뽑아 놓은 고깃덩이
식탁 위에 늘어져 있다
둔부와 처진 젖가슴이 아니었다면
저건 한낱 비계덩이다
개가 뼈다귀의 유혹 뿌리칠 수 없듯
욕망을 식탁 위에 올려놓고 그는
제 식욕 시험하고 있다
저건 단지 비계덩이일 뿐이라고
포장 벗기면 다 그렇다고
자신에게 타일러도
입에는 자꾸 군침이 고여
늙은 개처럼 서성거린다

그림자 속에는

담장이 넝쿨 기어가는 밤
이쪽 담벼락에서 저쪽 담벼락으로
건너뛰는 도둑고양이
너는 그렇게 온몸으로 다가온다
들어오려는 도둑 막을 수 없듯
네가 들어왔던 것을 알았을 때는
이미 발자국 남기고 간 뒤
애써 쫓지 않아도 너는 달아난다
너는 지금 어느 나무 그늘에서 쉬고 있니
담장이 넝쿨 따라 달그림자 기어가듯
너는 그렇게 왔다가고
네 그림자 속에는 그리움이 길게 누워 있다

눈물

웃고 있는 것은 내가 아닙니다
창문 흔드는 바람입니다
울고 있는 것도 내가 아닙니다
바람의 입에 재갈 물린 빗방울입니다
울지도 웃지도 못하는 유리창은
빗물 다 받아주어 눈물 골짝납니다

3

빨강

얼굴 가린다고 모를 줄 아니
함지박 꽉 움켜쥔 손만 보아도 안다
네 치마와 블라우스 그리고 스카프만 보아도
알 수 있거든 넌
빨랑 빨강이 되고 싶어한다는 걸

거울 속의 아이

거울 속의 계집애가 울고 있다
오래 전에 본 아이
천사 같기도 하고 악마 같기도 한 아이
아는가 하면 모르는 아이
웃는가 하면 울고 있는 아이
그 아이는 크지도 않고 언제나 그대로다

내가 울 때
나보다 더 서럽게 우는 아이
내가 웃을 때
나보다 더 키득거리며 웃는 아이
언젠가 내가 미워져
다시는 오지 않을지도 모르는 아이

빨리 지나가다

당신이 천국을 알아?

눈이 번쩍 뜨이는 그 느낌 알아?

한 잔의 알코올이 온몸으로 퍼져나갈 때

잠깐 잠깐 천국이 보이지

하지만 여기는 빨리 지나가야해

빨랑 천사가 오기 전에

숨구멍

물에도 숨구멍이 있다지
물도 숨을 쉰다는 거야
언 강 보면 알 수 있지
한겨울 강물이 두껍게 얼어도
얼지 않는 곳 있지
그곳이 물의 숨구멍이야

말에도 숨구멍이 있는지
질그릇 같은 말구멍에 코 박고
내가 허우적거리고 있는 거야

정월 대보름달
하늘의 숨구멍 같은
달 속으로 나를 힘껏 밀어넣어 보는 거야

달을 마시다

뒤란 대숲에 들면
흰 달빛 속에 어머니 서 있다
장독대 항아리 위에
물 한 사발 떠놓고
밤이슬 내리도록 천지신명에게 빌고
삼신할미에게 빌고 또 빈다
사발 속에 노란 호박달 뜨고
달 우물 속으로 걸어 들어가
불러도 돌아보지 않는 어머니
불룩한 배 안고 나온다

엄마라는 말

한 여인이 어머니 찾아
연신 서럽게 울면서 서툰 말로
엄-마, 엄-마 부른다
부르고 불러도 지워지지 않는
기억에도 없는 정도 없는
삼십 년 만에 처음 보는 엄마
정말 엄마라고 생각하고 부르는 걸까?
낯선 얼굴들 서로 맞대고 몸부림친다
태어나자마자 입양된 저 여인은
엄마 그리며 살아왔는데
엄마는 할미꽃같이 하얗게 쇠었다
저 모녀도 엄마란 말에 목메는가?
그리움이 깊으니
허방에 엄마가 그득해진다

늑대가 컹컹거리는 밤

달이 검은 구름에 가려 어둡다
어디선가 늑대가 컹컹 짖는 밤

이런 날은 아무것도 손에 잡히지 않아
마음도 강 건너 불구경 갔거나
꽃놀이 갔거나 해서
붙잡아 들일 수가 없다

짖지도 않은 늑대가 담장 훌쩍 넘어간다

절하고 싶었다

직지사 등나무는 툭툭 불거져 뒤틀려 있다
마디마디 헐었다 말라붙은 딱지로 뒤덮여 있다
서역에서 오체투지로 기어온 순례자의 전생이
나무 속에 들어앉은 듯
마디마디 성한 곳이 없다

언젠가 목욕탕에서 본 할머니도 그랬다
뼈에 살가죽이 붙어 있다
주글주글한 자루에 담긴 몸
주름은 예전의 몸에 대해 말하지 않지만
말하지 않아도 안다

툭 불거진 마디 예사롭지 않고
골진 주름은 지나온 고생길 같다
멀리서 한 생 이끌고
몸 안에 부처 한 분 모시고
여기까지 온 몸으로 기어온 것 같다

달우물

저기 저 만월
하늘 구멍이다
두레박 드리우니
달우물 깊다
나 보다 먼저 우물 다녀간 이가 있다

우물은 아래로 내리 딸 셋 낳은
어머니의 고단한 배
서럽게도 깊다

깊고 깊은 샘에서
희게 쏟아지는 물줄기 사방으로 흘러 넘친다
길고 질긴 생명줄이다

환생이라는 말

일주문도 없는 절은
귓바퀴 속으로 오목하게 들어앉아
소리 모아들이고 있었다
고요 속에 오래 쌓인 소리는
터진 자루 틈으로 쏟아지는 낟알처럼
바스락거리며 소란스러웠다
까마득히 먼 소리 가깝게 들리고
가까운 소리 멀게 들리는 골짜기에
까막까치만 도르래 달고
오르내리고 있었다
환생이란 말 환장하게 따라붙어
귀우물 파고 있었다
환성사라는 말을 들을 때부터 그랬다

물거울

절 마당 샘물 한 바가지 퍼마시니 아린 쇳물맛 그 물맛을 따라가면 대추나무 울타리 사이 검댕이 범벅인 정지간 어른거린다 할머니는 항아리 뚜껑에 쓱쓱 무쇠칼 갈아 바가지에 밥알 풀어 중얼거린다 토사곽란에 누렇게 시든 배추잎처럼 축 늘어진 나는 머리카락 주뼛해 숨 멈추고 무쇠칼 끝만 바라본다 할머니는 바가지의 물 칼 끝으로 톡톡톡 치며 내 입 속으로 흘려넣고 삼베처럼 까끌한 손으로 나락 훑듯이 내 등 훑는다 마른버짐 핀 얼굴에 무쇠칼 끝에서 나던 쇳물 절 마당 샘물에서 난다

메뚜기를 데려오다

아버지 산소에 엎드려 절할 때였다
바람에 날리는 나뭇잎처럼
눈앞에 뭔가 뚝 떨어졌다
누런 메뚜기였다
사십구제 지내는 초겨울에
살아 있는 메뚜기를 보자
정신이 번쩍 들었다
이건 예사 메뚜기가 아니다

메뚜기를 집으로 데려오니
메뚜기가 책상 위의 아버지 영정사진으로
아끼시던 모자로 늘 쓰시던 돋보기로
더듬거리며 기어다녔다
아버지 물건 알아보는 것을 보니
윗목에 메뚜기 모셔놓고
끼니도 챙기고 신문도 읽어주고
집안 대소사도 들려주고
잘 주무셨냐고 문안인사도 하며

아버지하고 불러 보았다

오래 전 방학 숙제로 잡아주시던 메뚜기
아버지 돋보기 위를 기어가는 메뚜기
눈 앞이 뿌옇게 흐려졌다

풀

전생에 나 무엇이었기에
보이는 것이 모두 축생으로 보이나
그러고 보니 내 주변에 동물 아닌 게 없다
잘라내도 자라는 풀
뽑아도 또 나는 풀
그것도 근성은 동물적이다
땅에 이빨 꽉 박고 있다
모질다
무엇이 그 몸에 깃들었기에
몸짓이 축생을 닮았는지 모르겠다

4

마츄피츄의 생각

저 산은 추억이 많다
칸칸 다닥다닥 붙은 집들
달동네 닥지닥지 붙은 달세집들
칸칸 구멍마다 생활이 있고
쌓아 올린 돌만큼 많은 이야기가 있다
저 산은 달도 없는 밤이면 야금야금
그것들 하나씩 꺼내 먹는다

폭설

공기가 빵덩어리 같이 부풀어 오른 12월
잣나무가 줄지어 있는 산등성이 돌다
하얀 말을 보았다 산 아래로
흰 갈기 휘날리며 마구 내달리고 있었다
말 잔등은 거대한 돌 깎아낸 듯했고
눈 덮인 잣나무 가지는 꼬랑지 같았다
은빛으로 빛나는 말들의 행렬
내가 앞서가는 말을 알아보았듯
그 말이 날 알아보고 다가와
타라는 듯 가만 등 낮추었다
아직 때가 아니라고 난 고개 저었다
말발굽 소리가 눈보라에 휩싸여 멀어지고
그 후 오래 말을 보지 못했다
그렇게 쏟아지던 눈발도 다시 볼 수 없었다
다시 말이 모습을 드러낸다면
말이 나를 알아보고 등 내밀면
말 잔등에 넌지시 올라 타고 마을로 내려가
발이 녹을 때까지 머물러도 좋겠다

소나기

달리는 자동차 앞 유리창에 떨어진 빗방울, 영락없이 전속력으로 기를 쓰고 질주하는 정자다 올챙이가 오글오글 한 곳으로 몰려가듯 고것들 와이퍼에 밀려나지 않으려고 안간힘 쓰고 있다 결국 알이 터지고 무수한 세포 분열 일으킨다 돌돌 굴러간다 구르는 것은 제 속을 감추기위한 것 자동차 가속 페달을 밟고 있던 발바닥이 간질간질 오줌이 마렵다

약

울고 있을 때 벨이 울렸다
눈물 훔치느라 늦게 전화 받았다
여보세요라고 말하기도 전에
한참 뛰어왔어
저쪽의 농담에 웃고 말았다
내가 운 것 들키지 않으려고
더 깔깔거리고 웃었다
울었다는 게 부끄러운 게 아닌데
왜 운 것 부끄러워했는지
전화를 끊고 생각했다

내가 운 이유는 인간극장의
모녀간 대화 때문이었다
딸이 어머니에게
날 낳아주어 고마워요 했던가
난 왜 나를 낳았냐고 대들었는데
이미 눈물은 말랐고
다시 그 말 들어도

다시 눈물 흘리지 않을 것이다
좀 전에 왜 눈물이 흘렀는지 몰라도
눈물은 독을 빼내는 절묘한 약이다

라면 먹다가

신문 위에 라면 냄비 올려놓는다
젓가락으로 들어올린 면발 아래
형체 알 수 없는 시신들
그들의 이름 줄줄이 늘어 서 있다
지하철 화재 참사 사진
급히 입 속으로 밀어넣던 라면
뱉지도 못하고 우물거리다
시장기 어쩌지 못해 삼키고 만다
몇 가락 더 끼적거리다 얼결에 젓가락 놓쳐
면발과 국물 신문지에 떨어진다
하필 이름 있는 곳에 국물 튀어
이름들이 쭈글쭈글 부풀어오른다
퉁퉁 불어 냄비 가득한 라면은
소머리 국밥에 허옇게 뜬 골수 같다
불어터진 라면 한 가닥
죽은 사람 이름 위에 척 달라붙어 있다
그것이 한 순간, 꿈틀하는 것 같다

힘 뺀다는 것

술렁거리는 것이 잔치집 분위기다
된장 한 술, 커피 한 술, 간장 두 술
생강 몇 점 저미고
대파 한 대 넣어 돼지고기 삶는다
쉭 한 김 내보내고
고기가 다 익었나 젓가락으로 찔러본다
돼지고기는 아직 젓가락 밀어내고 있다
한소끔 끓이고
다시 찔러보니 젓가락 쑥 들어간다
잘 익었다는 것은 제 몸을 푼다는 것

술술 넘어가는 한 잔 술에
눈에 힘 빼고 입도 풀리고 나면
진실이 목울대 기어나온다

강의 기억

나는 천천히 가려고 해
강이다!하며 나를 부르는 이들을
오래 기억하기 위해서
나에게 특별한 암기능력 같은 건 없어
나는 강이므로 강답게 기억할 뿐이야
나에게 왔던 사람들의
얼굴과 목소리 걸음걸이 하나까지
다 놓치지 않고 기억해
중요한 건 내가 기억하는 것보다
그들에게 잃어버린 기억 찾아준다는 거지
그들이 떠나가면서 나를 잊은 게 아니었어
오래 나를 고향처럼 품고 있었어
그래서 나는 떠나기 위해 기억해
다시 만나기 위해 흘러가
비워졌다 채워지듯이
나는 늘 떠나고 다시 돌아와
그래 어디선가 본 듯한 거야
나를 보고 고향 떠올리는 건 그래서 그래

그렇다고 난 자만하지 않아

고개 숙이고 낮은 곳으로 흘러갈 뿐이야

등나무 예배당

노인네들 한 곳에 모여 있다
드림교회 급식차가 달려오자
노구 힘겹게 일으켜 세운다
받아든 밥 꼭 끌어안고
옆으로 돌아앉아
벌건 국밥에 얼큰하게 붉어져
여기 저기
숟가락 부딪는 소리만 소란하다

우선 밥부터 먹고 보는 거다
공원 등나무 밑이 바로 예배당이다
멀리 갈 것도 없다
뭐니뭐니해도 밥이다
밥이 구원이고
하나님이다

아그배나무 아래

아침 운동하는 할매들
꼭 아그배나무 아래서
두 주먹 쥐고 아랫배 두드린다
불룩한 배에서
둥둥둥 북소리 퍼지더니
아그배나무에 파고든다
진동이 나무 밑둥치에 전해져
아그그 기지개 켜며 발돋움하더니
빨리 꽃 피워내는 것이다
할매들 우우 입김 불어넣어
아그배나무 헛몸살나게 하는 것이다
일찍 꽃 피우니 짧은 봄 더 짧다

물빛

둥근 가로등 떨고 있는 밤
물빛 어제의 물빛 아니에요
쉬폰 커튼처럼 가볍게 어스름 녹아내려
물빛 깊어지네요
세상 것들 스며 더 검푸르네요
산마루 물 속으로 살짝 발 담그고
풀벌레 소리 가만가만 풀꽃 흔드네요
바람은 물결 밀어
물비늘 촘촘해지네요
물비린내 밟고 가는 발소리 젖어 있네요
바람 어제의 바람 아니에요

5

팔월의 밤

팔월의 밤은
배롱나무 꽃가지 입에 물었다
흐리다 개다 울음 끝 질긴 여인처럼

늦은 밤 다시 흐느끼는 비
새벽녘에 설핏 잠들듯
사랑은 그렇게 오다가 말았다

배롱나무 가지 만지니 흰 꽃들 웃었다

나는 구름편지를 받았네

아무도 읽지 않은 편지가 지금
막 도착해 고층 빌딩 위에 멈춰 있었다
겹겹이 누운 노을 사이 구름이 보내 온 편지
뜯어보지 않아서 수취인 거부로 돌아온 편지
풀지 못한 꿈 다시 꾸듯
구름은 편지 또 다시 보내오지만
오줌 누고 돌아서면 꿈이고 뭐고 다
잊고 마는데 그날은
무슨 상징처럼 떠 있었다
고집 센 나귀 같던 내 영혼이
답장 안 쓰려 고개 돌려버릴 때
이 하늘에서 저 하늘로
한 줄기 빛이 번개처럼 스쳐가고
새들이 놀라 덤불 속으로 숨어들고
하늘에 매달린 수천 개의 종들이 일제히 울릴 때
구름이 문 열어 보여준 구름사원

길일

접시 물에 담가둔 무순에서
꽃대 올라와 꽃망울 매단다
한 송이만 꽃피우라고
마음 모았는데
몸 꺼멓게 썩어 들어가면서 꽃 피웠다

연보랏빛 열 두어 송이
무꽃이 열어둔 길을 따라가다 보니
吉日이 따로 없었다
짐수레 밀 듯 지나가는 날들 사이
훅 불면 날아갈
바람 같은 꽃
피고 지는 사이가 길일이었다

어째서 장미는

어디서 장미는 향기를 가져오지
리본도 달지 않았고
레이스 자락도 걸치지 않았는데
어디서 그 꿈의 색을 사오지
어디에 장미 키우는 지하창고가 있는 거야
꿈 속의 방이 있는 거야
어째서 온 생을 한 칸의 방으로 만드는 거지
어째 그 사랑이
향기도
빛깔도 없이
전봇대처럼 눈먼 사랑이
불꽃 하나 켜들고 온 생 불사르는 거지

너는
교회에 사는 가난한 쥐처럼 떨고만 있는데
어째서 장미는
네 혀에서 피어났지

누가 나를 부르면

누가 나를 부르면
비 온 뒤 아스팔트 물웅덩이처럼
둥그렇게 구덩이가 생긴다
한 번 더 나를 부르면
수면에 찰방 물방울이 떨어지듯 파문 일고
다시 아무 일 없다는 듯 잔잔해지면
나는 잠시 허공에 떠 있다
가만히 그 자리에 내려앉아
잔잔한 물거울에 물구나무선다

어느 쪽으로 기울지?

왜 갈매기는 한 방향을 보고 있지?
바다에 있어도 바다가 그리운지
일제히 바다 보고 있다

왜 나무는 한 쪽으로 기울어 있지?
물가에 있어도 물이 그리운지
어떤 나무는 아예 물가로만
가지 뻗고 있다

나는 어느 쪽으로 기울어 있지?
늘 당신만 바라기하다
속절없이 모가지가
외로 기울어져 있다

도둑고양이

언제부터인지
도둑고양이가 아파트 주변에 어슬렁거렸다
밤새 눈 내리듯 슬쩍 오고갔다
음식물 쓰레기통 엎치락뒤치락대던 녀석
슬그머니 사라졌다

어느새 나는 도둑고양이 찾고 있었다
어쩔 수 없이 한 발 집어넣었다가
자신도 모르게 두 발 다 빠져
사랑은 그렇게 오는 것
도둑고양이는 이미 그걸 알았으리라

한없이 떨고 있는 것

어두워 가는 못은

휘둥그런 눈 치뜨고 있었다

그 위로 바람이 그림자 늘어뜨리고 있었다

그늘이 깊으면 어둠도 깊어지는 것 처음 알았다

못물 고요한데 물 속의 달 흔들리고

물 속의 불빛 떨고 있었다

그대 눈에서 한없이 떨고 있는 것

어둠도 깊어지면 하얗다는 것 처음 알았다

몸 떠는 소리

얼어붙은 수면을 물결이 슬쩍 건드리면
비닐종이 구겨놓은 것 같고
은박지 구겨놓은 것 같은 살얼음 조각
서로 밀고 밀리며 사그랑거리는 소리낸다

못이기는 척 그렇게
몸 다 내어주고 물이 되는 소리
상처 어루만지는 소리
물결이 파르르 몸 떠는 소리

헛꽃

어미 뱃가죽처럼 속이 텅 빈
부인사 앞 뜰 왕벚나무
무슨 힘이 그리 뻗쳐
해마다 꽃 피워내나 했더니
둥치에서 무수한 실뿌리 뻗어내
저 힘으로 올해도 꽃 피워냈다

냉장고 속 대파 줄기 하얀 실뿌리 내리고
꽃대 밀어올려 꽃 피운다
냉기 속에서 물기 마르는데도
제 몸 놓지 않고 있다

안간힘으로 버티며 살아 있는 것들
질기게 목숨 붙들고 놓지 않는다

먼 곳

누구를 기다리기에
저이는 턱 괴고 앉아 하염없다
한 손은 사뭇 이리 오라 부르는 듯 쳐들고

그리움이란 참으로 더럽게 질척거리는 것
습도 높은 날 살갗에 달라붙는 끈적거림 같은 것
안 보려 해도 자꾸 눈이 가는

| 시인의 산문 |

검은 맛의 향기

1

말에도 향기가 있다. 알사탕을 오래 굴려 먹듯 말을 입 속에서 굴리며 음미하다 보면 독특한 맛을 즐기게 된다. 말이 가지고 있는 의미와 개념을 떠나서 그 말의 고유한 색깔과 향기를 찾을 수 있기 때문이다.

봄, 여름, 가을, 겨울 이 낱말을 하나씩 입 속에 넣고 굴리면 울림이 커진다. 여름이란 낱말은 뭔가 꽉 차 있다. '여' 음이 가볍게 끌어올려지는 듯하다가 '름' 이 숙지근하게 내리누른다. 초록 무성한 숲과 더운 공기가 어우러진 듯하다. 가을하면 텅 비어 있으면서 가득 찬 느낌이다. '가' 하면 바람에 불려 갈 것처럼 여리고 맑다. 거기에 '을' 음이 받쳐주는가 싶지만 밑으로 살짝 내려앉게 한다. 그래서 가볍지 않고 안정감이 있다.

또 겨울이라고 말하면 어떤가. 무겁다. 무언가 무겁게 내리누르는 듯 베일에 싸여있는 듯하다. 가을의

'을'과 겨울의 '울'의 차이를 느낄 수 있다. 봄은 봄봄하고 입 속으로 굴려본다. 스프링처럼 뭔가 통통 튕겨오른다. 땅과 하늘이 서로 감응하는 듯 노란 연두빛이 둥실 떠오른다.

말의 숨결이 은근하다. 맛깔스럽다. 누가 계절 이름을 명명했는가. 그는 대단히 말에 민감한 자다. 아니면 말이 닳고 닳아서 지금 이 말로 변천되어 온 것인가.

2

어머니라는 말로 어머니를 지칭하는 순간, 대상으로서의 어머니는 없다. 말은 사물 자체가 아니다. 말이 그 사물이라고 생각하기에 어머니라는 말 속에 어머니라는 대상을 담을 수 있다고 생각한다. 어머니라는 말을 껴안을 때 그 안에 어머니는 없다.

어머니를 껴안았다고 생각한 것은 환상이고 환각이다. 어머니라는 말의 개념은 의미이다. 그 없는 공간, 비어 있는 공간이 욕망을 만든다. 이때 우리가 명명하는 순간 결핍이 나타난다.

어머니란 말을 껴안으니 아무것도 없듯이 당신이라는 말을 껴안아도 그 안은 텅 비어 있다. 그 비어 있는 공간에 또 다른 무엇으로 가득 채우려든다. 다른 무엇을 채워야 한다는 강박에 무의식적으로 대체욕망, 욕망을 채운다. 언어가 없으면 욕망도 없고, 상처도 없다.

3

어릴 때 쓰다고 뱉어내던 쓴나물에 자꾸 손이 간다. 나이를 먹는다는 것은 쓴맛의 깊이를 알게 되어서인지 씀바귀며 고들빼기, 머위 나물에 눈길이 머문다. 산다는 것은 쓴맛의 참맛을 알게 되는 건가 보다. 쓴맛은 영혼이 깃든 검은 맛이어서 존재의 깊이에 가닿게 되고 그걸 통해 졸고 있는 영혼을 일깨워 주기도 한다.

젖 떼려고 어머니가 젖꼭지에 칠해둔 빨간 금계랍. 그 쓴맛은 이미 태어나는 순간 맛 본 건 아닐까. 금계랍 이전에 이미 태어나는 순간에 양수의 쓴맛을 본 건 아닌가 하고 생각해 보았다. 그 맛은 어머니의 몸의 맛이고 양수의 맛이 아닐까. 우리는 근원적인 쓴 맛, 고통의 맛에서 태어났다. 그러니 쓴 맛은 이미 알고 있던 맛이다. 잠자고 있던 맛을 깨워내 뒤늦게 맛들이니 어떤 맛과도 바꿀 수 없는 맛이다. 쓴맛에 길들어졌다는 것은 고통에 길들여졌다는 거고, 쓴맛을 즐긴다는 것은 고통을 즐긴다는 말이다.

쓴맛은 나에게 최초의 좌절을 가르쳐 준 맛이다. 금계랍의 빨간색은 괴로움이고 두려움의 색이다. 그 고통의 기억 때문인지는 모르겠지만 빨간색을 불편해 한다. 나에겐 빨간색은 죽음의 색인 검정색과 동급이다.

4

내 시들은 시선이 가닿은 것에 대한 기록이다. 눈에 들어왔다는 것은 어떤 의미에서 그것이 또 나를 가둔 것이라고 보아야겠다. 사람은 어딘가에 갇혀 산다. 공간에 갇히고 시간에 갇히고 일에 갇히고 물질에 갇히고 기억에 갇히고 사랑에 갇히고 음악에 갇히고 말에 갇히고 자기 자신에 갇혀서 살아간다.

가둠의 사전적 정의는 "한정된 속에 집어넣어 자유로이 드나들지 못하게 하다"로 되어 있다. 갇힘은 타의에 의해 가둠을 당하는 것으로 기록되어 있다. 가둠과 갇힘이 동전의 양면 같아서이다. 갇힘의 여러 징후들이 스스로 가두는 것인지 타의에 의해 가두어지는 것인지 모호하기 때문이다. 그렇지만 사람은 알게 모르게 무엇엔가 홀려 자신을 가두고 싶은 강렬한 욕망을 갖기도 하지만 또한 우리가 어딘가에 갇힌다는 것은 마음이 가고 눈이 간다는 것이다. 눈이 가닿았다는 것은 넓은 의미로 시각 욕동이라 할 수 있다.

5

시인이 말하고 싶어하는 것은 세계에 대한 진실된 증언이다. 하지만 인간이 현실을 살 수 있는 것은 진실이 베일에 가려져 있기 때문이다. 시인은 사물이 소진될 때까지 철저하게 사물을 응시함으로써 그 베일을 벗기려는 사람이다.

시에 리얼리티는 있는가? 사물의 세계에 리얼리티가 존재할까? 우리가 리얼리티라고 믿는 것이 과연 사실일까? 이미 시인은 한 사물의 의미가 그 사물의 진실이 아니라는 것을 알고 있다.

눈에 보이는 것은 사실 별로 중요하지 않다. 아무리 예리하다 할지라도 눈에 보이는 것은 이미 누구나 다 알고 있는 것에 지나지 않는다.

6

얼마 전 텔레비전 드라마를 보다가 열한 두어 살의 어린 형제가 어머니의 장례를 치러고 울다가 지쳐 무덤가에 망연히 앉아 있는 장면에 눈길이 멎었다. 형은 벙어리였다.

동생이 "형, 새가 울어."하고 수화로 말하고 형에게 새를 가리킨다, 형이 "새는 어떻게 우니?"하고 묻는다. 새 울음소리를 땅바닥에 쓰던 동생은 망설이다가 새소리는 '잠 깨우는 소리', 물소리는 '멀리 떠나는 소리', 바람 소리는 '나뭇잎이 흔들리는 소리'라고 나뭇가지로 땅에 글을 쓴다.

나는 그 장면을 본 순간 '아! 바로 저거구나' 하고 깨달았다. 저렇게 표현하는 것이 시이기 때문이다. 그 말은 시 쓰기의 표현 방법이라 할 수 있다. 나는 오랫동안 말(言語)에 갇혀 있었던 것이다. 시는 말에서 나온 것이기에 말을 초월해야 한다. 사물의 소리를 듣는 것보다 사물의 소리를 보는 것이 이미지를 잘 드러낼 수 있기 때문이다.

7

운동 삼아 못둑을 돈다. 아침과 낮, 저녁의 느낌이 사뭇 다르다. 못물만 보더라도 어제 물빛과 오늘 물빛이 다르다. 바람도 어제 바람이 아니다. 하루하루가 새날 같다. 걷다가 사념에 빠져 들었다.

하루에도 수많은 사람들이 지나간다. 사람들은 지나가면 그만이지만 늘 그 자리를 지키고 있는 못 주변의 나무와 돌, 물, 바람은 스쳐간 사람들의 표정 하나 하나를 다 기억하고 있을 거라고, 내가 왔다간 흔적도 어딘가에 새겨져 있을 거고, 먼 훗날 스쳐간 당신을 떠올린 나무들이 바람결에 가만가만 이야기할 거라고 생뚱맞게 생각해 본다.

토요일마다 어느 교회에서 제공하는 무료급식이다. 급식차가 오는 시간이면 노인들이 못 입구 등나무 아래로 모여든다. 식사가 준비되면 노구를 일으켜 줄을 선다. 그들은 벌건 국밥을 하나씩 들고 옆으로 돌아앉아 먹는다. 시끌벅적하더니만 먹을 때는 옆도 안 돌아본다. 국밥에 얼굴을 묻고 진지하게 먹는다. 수저 부딪는 달그락 소리와 훌쩍거림만 들린다.

참으로 밥 앞에서 엄숙하다. 밥 한술 뜨고서야 다들 입매와 눈매가 부드럽다. 밥 한술에 벌써 얼큰하다. 뭐니뭐니해도 밥이다. 어떤 말씀보다 밥이 가장 큰 말씀이라는 걸. 밥 앞에서는 누구나 공손해진다는 걸 알았다. 멀리 갈 것도 없다. 등나무 밑이 바로 예배당이다.

8

씽크대에 먹다 둔 과자봉지가 보인다. '이게 아직 남아 있었네' 하며 봉지를 여는 순간 검은 나방들이 날아오른다. 봉지 속이 어둡다. 얼마나 오래 두었는지 과자 조각들이 바스러지고 하얀 실 같은 것이 엉켜있다. 고물고물 작은 벌레도 기어다닌다. 벌레는 밀봉된 속에서 공기를 부풀리고 밀어올리는 힘이 있나보다. 용케도 그 안에서 살았다.

물건을 사면 유통기간이 있다. 유통기간이란 말이 삶과 결부되어서인지 머릿속을 맴돈다. 굳이 나는 여기서 인간의 삶을 유통기간에 비유해 말하고 싶지는 않다. 그 말은 비수처럼 가슴을 파고들기 때문이다. 그러나 우리는 피하지 못하고 어쩔 수 없이 죽음의 그림자를 끌어안고 살아간다.

삶과 죽음은 대칭점 끝에서 서로 바라보며 팽팽히 잡고 있던 끈을 슬쩍 한 쪽에서 내려놓으면 중심이 다른 한 쪽으로 기울게 되는 것인가 보다. 통 속의 과자도 부패할 때까지 양끝이 서로 긴장하고 있었을 것이다. 벌레 같은 미물도 제 삶을 지탱하는 법을 알고 손 놓을 때를 아는가 보다.

몸에는 많은 벌레가 있다. 셀 수 없는 욕망의 벌레들이 우글거리고 있다. 욕망의 벌레는 여기에서 저기로 자리를 옮겨 다니며 시간을 갉아먹는다. 무수히 숭숭 구멍 뚫린 몸으로 살아가지만 그것을 깨닫지 못한다. 벌레들은 우리를 환상으로 끌고 가 유통기간을 잊게 한다. 지금도 벌레들이 사각거리며 시간을 갉아먹고 있다.

9

중앙아메리카에 사는 바실리크 도마뱀은 천적을 만나면 물 위를 재빨리 도망간다. 도마뱀이 다 자라면 200그램 정도인데 물에 빠지지 않고 어떻게 걸어갈 수 있을까? 도마뱀은 몸무게의 3배에 해당하는 뒷발의 힘으로 수면을 내리친다. 수면에 닿는 발바닥이 밀어낸 물은 공기방울을 형성해 도마뱀이 물에 빠지지 않게 한다. 수면을 내리칠 때 도마뱀의 무게 중심은 수면에 닿는 발쪽으로 이동하게 된다. 도마뱀은 수면을 바깥으로 밀듯 내리쳐 반발력으로 몸을 반대 방향으로 이동시킨다.

도마뱀이 물 위를 걷는 것은 아주 빠른 순간의 포착이다. 시도 순간적 포착이다. 그러기에 시는 영원한 현재다. 순간의 찰나 속에 시적인 화자의 언어가 압축적으로 드러난다. 도마뱀의 동작을 머리로 떠올리면서 시쓰기도 자기 자신 안에 무한히 잠재되어 있는 어떤 것을 끄집어내는 것이다. 도마뱀이 수면을 내려치는 강력한 힘이 시쓰기에도 필요하다.

10

나는 내가 살고 있는 세계의 사물들을 가장 완벽한 말로 불러주기 위해 언어를 찾아 헤맨다. 그러기 위해 끝없이 사물과 세계를 새롭게 인식하기 위해 삶의 길을 떠돈다. 나에게는 시쓰기에서 보상이나 구원은 없다. 그러나 시를 쓰면 내면적인 삶의 방식이 달라진다. 시 쓰기를 통해 삶의 자세와 방식을 배우는 것이다.

나는 쇼펜하우어의 "모든 예술은 음악의 상태를 지향한다"라는 말을 음미한다. 음악의 상태라는 말 속에는 아주 많은 것들이 함축되어 있다. 음악적 요소, 시의 리듬은 자의적으로 가져올 수 있는 것이 아니다. 자연스럽게 말이 말을 물고 나와야하는 것이다.

말을 통해 말을 유혹하기도 하고, 말을 밀쳐내기도 하고 상호 연관 관계에 있기에 서로 부르지 않아도 다가가 서로 결합한다. 이런 말의 역동성은 말 사이에 존재하는 끌어당김과 밀침의 힘으로 자연스럽게 언어의 세계를 창조하도록 한다.

나의 과제는 음악에 가까운 말을 찾아내는 작업이다. 리듬은 사람의 호흡과 삶에 기대있다. 삶 자체에 리듬이 녹아있기 때문이다. 음악의 상태를 지향하는 시는 영혼의 울림을 주고 이미지에 취해 출렁거린다. 그런 시에 의해 나의 삶 전체가 들어 올려지고, 존재의 뿌리에 가 닿게 될 것이다.

박 지 영

1956년 경북 의성에서 태어나
이화여자대학교 불어교육과를 졸업하였으며,
계명대학교 인문대학 문예창작학과 박사과정을 수료하였다.
1992년 『심상』으로 등단하였고,
시집 『서랍 속의 여자』, 『귀갑문 유리컵』,
사진시집 『눈빛』을 출간하였다.

검은 맛

초판 1쇄 펴낸 날 / 2012년 9월 20일

지은이 / 박 지 영
펴낸이 / 박 진 환

펴낸 곳 / 만인사
등록번호 / 1996년 4월 20일 제03-01-306호
주소 / (우)700-813 대구광역시 중구 대봉2동 743-7
전화 / (053)422-0550
팩스 / (053)426-9543
홈페이지 / www.maninsa.co.kr

ISBN 978-89-6349-040-3 03810

값 8,000원